Yves-Alexandre Thalmann

Das kleine Übungsheft

Glückstraining

Aus dem Französischen
von Claudia Seele-Nyima

Illustrationen von Jean Augagneur

TRINITY

Über den Autor

Yves-Alexandre Thalmann ist Psychologe und anerkannter Experte im Bereich der Persönlichkeitsentwicklung. Als Doktor der Physik verpflichtet er sich in seinen gegenwärtigen Arbeitsfeldern der Glücksforschung und der positiven Psychologie der wissenschaftlichen Überprüfbarkeit seiner Theorien. Er ist Autor zahlreicher erfolgreicher Bücher, darunter auch »Optimismus«, das ebenfalls in der Reihe »Das kleine Übungsheft« erschienen ist.

Die Originalausgabe ist erstmals 2009 bei
Editions Jouvence erschienen.

www.editions-jouvence.de,
info@editions-jouvence.de

2. Auflage 2012

Umschlaggestaltung: Guter Punkt, München
Satz: BuchHaus Robert Gigler, München
Druck und Bindung: Pustet, Regensburg
ISBN 978-3-941837-49-2

»Es geht mir gut. Alles ist gut.
Es geht mir gut. Alles ist gut …«

Schon wieder jemand, der uns einreden will, wir bräuchten nichts weiter zu tun, als positiv zu denken, damit sich alles zum Besseren wendet und das Glück uns gewiss ist?

Keine Sorge, liebe Leserin, lieber Leser, darauf zielt dieses Heft nicht ab. Denn wie auch immer man darüber denken mag: Der Tyrannei der Realität kann man nicht entrinnen!

Nein, so einfach ist es mit dem Glück nicht – aber auch nicht viel komplizierter: Unsere Freunde, die Wissenschaftler[1], haben inzwischen wiederentdeckt, was Philosophen und Weise uns schon seit der Antike immer wieder gesagt haben:

Glück ist nichts, was irgendwo zu finden wäre.
Man muss es aufbauen und einüben.

[1] Die wissenschaftliche Disziplin, die sich mit der Erforschung des Glücks befasst, heißt »Positive Psychologie« und wird (insbesondere in Nordamerika) an der Universität gelehrt. Sie ist nicht mit den Richtungen des positiven Denkens zu verwechseln!

Zwar gibt es in der Schule leider noch keinen Glücksunterricht – aber Nachhilfelektionen finde Sie erfreulicherweise trotzdem: nämlich in diesem Übungsheft!
Also ran an die Stifte – beginnen Sie mit dem Training … und werden Sie ein Bodybuilder des Glücks!

Bevor es losgeht: Prüfen Sie Ihre Glückskenntnisse!

Wohlgemerkt: Bei diesem Test geht es nicht um eine spezifisch philosophische oder religiöse Sicht des Glücks, sondern um das **ganz normale Glück**, so wie es sich laut statistischen Erhebungen und wissenschaftlichen Studien in der Bevölkerung zeigt.

Richtig oder falsch?

	RICHTIG	FALSCH
1. Große Lotto-Gewinner (über eine Million Euro) sind dauerhaft glücklicher.	☐	☒
2. Glück ist eher eine Frage der heiter-gelassenen Geisteshaltung als ein Moment der Freude.	☒	☐
3. Religiöse Menschen sind im Allgemeinen glücklicher als Nichtgläubige.	☒	☐
4. Der Grad des Glücks, den wir erreichen können, ist genetisch festgelegt (man wird mit der Veranlagung geboren, glücklich oder weniger glücklich zu sein).	☐	☒
5. Schönheit ist eine Quelle des Glücks.	☐	☒
6. Verheiratete sind für gewöhnlich glücklicher als Alleinstehende.	☒	☐
7. Wir können uns dafür entscheiden, glücklicher zu werden.	☒	☐

Ergebnisse siehe Seite 30. Lesen Sie aber erst einmal weiter, bevor Sie Ihre Antworten prüfen.

Auf Glückserkundung …

Ach, hätte ich doch …!

Was brauchen Sie, um glücklicher zu werden? Vervollständigen Sie die folgende Liste und schreiben Sie auf, was Ihrer Meinung nach Ihr Glück steigern könnte.

Ein bisschen Theorie

Zahlreiche Studien, an denen sehr viele Personen beteiligt waren, weisen nach, dass das Glück nicht abhängig ist ...

- von **materiellem Wohlstand** (Vermögen, Einkommen, Haus, Auto, Schmuck, Wertgegenstände etc.). Nein, Geld macht nicht glücklich – vorausgesetzt allerdings, man hat genug davon, um seine Grundbedürfnisse zu erfüllen: genug zu essen, ein Dach über dem Kopf und ein Mindestmaß an Sicherheit.

Im Jahr 1940 schätzten die Amerikaner ihre allgemeine Lebenszufriedenheit auf einer Skala bis 10 mit 7,5 ein. Ein Drittel der Haushalte hatte weder fließendes Wasser noch Innentoiletten und auch keine Dusche, und nur die Hälfte verfügte über eine Zentralheizung.
Heutzutage liegt der Zufriedenheitswert trotz Spülmaschine, Mikrowellenherd, Waschmaschine, Flachbildschirm und Computer bei ... 7,2!

- von der **gesellschaftlichen Stellung und von Diplomen.** Intelligenz verhilft einem nicht dazu, glücklicher zu sein.
- von **Schönheit**. Menschen, die als attraktiv gelten, sind nicht glücklicher (die Lektüre von People-Magazinen bestätigt das!). Nicht dadurch, dass Sie schöner werden, entwickeln Sie sich zu einem glücklicheren Menschen, sondern dadurch, dass Sie sich selbst mehr lieben.
- von **Gesundheit**. Entgegen allen Erwartungen schaffen es selbst chronisch Kranke, mit ihrem Leben glücklich zu sein.

Kehren Sie nun zu Ihrer Glücksliste (auf Seite 6) zurück und streichen Sie das, was nicht dazugehört, mit einem roten Filzstift durch (auch dann, wenn Sie glauben, dass es dazugehört).

Wahres Glück hat nichts mit der beschränkten kommerziellen Sichtweise zu tun, die uns die Werbung aufdrängen möchte. Nein, ein neues Auto, der letzte Schrei unter den Handys oder ein schicker Mantel machen Sie nicht glücklicher; dasselbe gilt auch für ein paar Falten weniger, eine Beförderung oder bessere Gesundheit.

»Viele Reiche sind kaum mehr als die Hüter ihrer Besitztümer.«

Frank Lloyd Wright

Aber was macht uns denn dann glücklicher?

- **Soziale Beziehungen:** In einer Partnerschaft leben, einen Freundeskreis haben, erfüllende Beziehungen pflegen (z. B. zu Familienmitgliedern) wirkt sich entscheidend darauf aus, welches Maß an Glück wir empfinden.

»Glück ist, jemanden zu haben, den wir verlieren können.«

Philippe Delerm

- **Aktivitäten**, seien sie beruflicher Art oder Hobbys. Das, was wir tun, macht uns glücklich.

»Tätigkeit ist zum Glück des Menschen unerlässlich.«

Arthur Schopenhauer

- **Glaube:** Alle Studien stimmen in diesem Punkt überein: Menschen mit religiösen Überzeugungen bezeichnen sich selbst als glücklicher (mit Ausnahme von Fundamentalisten und Extremisten). Warum das? Man könnte hier anführen, dass sie von einer Gemeinschaft unterstützt werden, die dieselben Werte vertritt, dass sie eine lebendige Beziehung zum Transzendenten und eine Reihe von heilsamen Überzeugungen haben (das Leben hat einen Sinn, Gott steht uns bei etc.).

Glück hängt also eher davon ab, wie wir sind, als von Dingen, die wir besitzen oder gerne hätten.

Schneiden Sie ein Bild aus einer Zeitschrift aus oder nehmen Sie eines Ihrer eigenen Fotos, das für Sie Glück symbolisiert, und kleben Sie es auf diese Seite in das dafür vorgesehene Feld. (Lassen Sie sich nicht von Abbildungen aus der Werbung beeinflussen, die eine abgedroschene Glücksvorstellung transportieren.)

Eine Glücksvision

Was gehört nicht dazu?

Malen Sie in der Zeichnung unten nur die Elemente farbig aus, die zur Steigerung des Glücks beitragen.

Das Glücksthermometer

<u>Lassen Sie bei allen folgenden Fragen die Temperatur so hoch ansteigen, wie es Ihrer Antwort entspricht:</u>

Trifft in hohem Maße zu = 7

Trifft kaum zu = 1

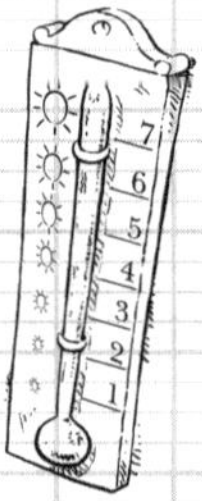

1. Im Allgemeinen halte ich mich für:

sehr glücklich

nicht besonders glücklich

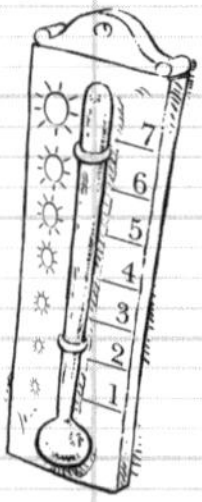

2. Im Vergleich zu anderen finde ich mich:

glücklicher

weniger glücklich

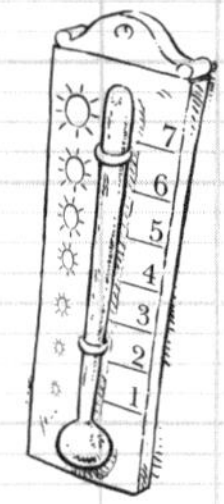

3. Manche Menschen sind offenbar glücklich und genießen die guten Dinge des Lebens. Wie weit trifft diese Beschreibung auf Sie zu?

voll und ganz

gar nicht

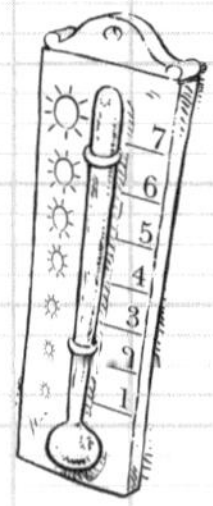

4. Manche Menschen scheinen eher unglücklich, deprimiert und nie in guter Verfassung zu sein. Wie weit trifft diese Beschreibung auf Sie zu:

gar nicht

voll und ganz

Rechnen Sie die Punktzahl Ihrer Antworten zusammen und ermitteln Sie den Durchschnitt. Als Anhaltspunkt: Der Durchschnitt der Menschen liegt etwa im Bereich zwischen 4,5 und 5,5.

Wiederholen Sie den Test regelmäßig, um zu sehen, welche Glücksfortschritte Sie machen.

»Einmal Glück volltanken, bitte!«

Jedem sein Glück

Das Glück ist vielfältig. Für jeden nimmt es eine andere Form an.

Stellen Sie Ihre persönliche Hitparade der Glücksformen auf, indem Sie die folgenden Etiketten den Plätzen 1 bis 4 zuordnen.

Augenblicke intensiver Freude erleben: ein Diplom erhalten, Hochzeitszeremonie, Geburt eines Kindes, Feiern etc.

Innerlich ruhig und im Frieden sein, was auch immer geschehen mag.

Mit dem, was ich habe und wie ich lebe, zufrieden sein.

Dinge tun, die ich mag.

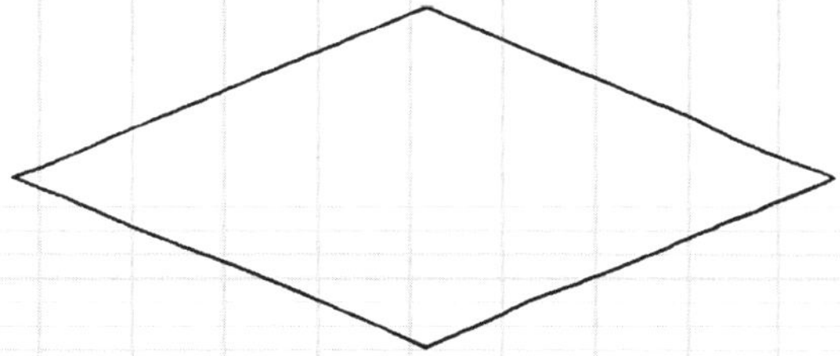

Das Glück hat nämlich vier Seiten:

- **Sinnesgenuss** und Freude, die man empfindet,
- **Engagement** für eine sinnvolle Aktivität (Ehrenamt, sich um Kinder kümmern etc.),
- **Zufriedenheit**, die aus der Befriedigung erwächst, etwas vollbracht zu haben,
- **Innere Ruhe** und Abstand zu dem, was geschieht.

Die vier Seiten zeigen auch an, wie sich unser Bild vom Glück mit dem Alter verändert:

- Kindheit: Freude und Sinnesgenuss

- Erwachsenenalter: Engagement
- Reife: Zufriedenheit

- Alter: Gelassenheit

Unsere Betrachtungsweise des Glücks ändert sich mit zunehmendem Alter!

Setzen Sie nicht alles nur auf eine einzige Seite des Glücks! Kümmern Sie sich um alle vier Aspekte.

Was können Sie tun, um die vier Seiten Ihres Glücks zu bereichern? Vervollständigen Sie die folgende Übersicht mit Ihren eigenen Ideen:

Freude	Engagement
- Die kleinen Geschenke des Lebens mehr wertschätzen	- Eine Sportart ausüben, die mir Spaß macht
- Treffen mit Freunden organisieren	- Mich ehrenamtlich betätigen
- Lustige Filme sehen	-
-	-
-	-
-	-
-	-

Zufriedenheit	Gelassenheit
- Meine Fotoalben betrachten	- Entspannungstechniken lernen
- Gute Erinnerungen wachrufen	- Loslassen üben
-	-
-	-
-	-
-	-
-	-

Auf westliche oder östliche Art?

Glück lässt sich in folgender Gleichung zusammenfassen:

$$\text{Glück} = \frac{\text{Zufriedenheit}}{\text{Wünsche}}$$

Man kann sein Glück steigern, indem man die Anzahl der Dinge erhöht, die einen zufrieden machen (westliche Art), aber auch, indem man die Zahl seiner Wünsche verringert (östliche Art).

Ich könnte darauf verzichten, mir dieses Kleidungsstück anzuschaffen, das ich eigentlich nicht brauche.

Warum nicht einmal Obst als Mahlzeit, statt ein Menü im Restaurant zu bestellen?

Dem Buddhismus zufolge sind Verlangen und das Festhalten an Dingen – »Anhaften« – Ursachen des Leidens.

Wovon könnten Sie sich lösen, worauf verzichten?

–

–

–

–

–

Wenn weniger mehr ist …

Im Buddhismus bezeichnet *sukha* jenes Wohlbefinden, das ein zutiefst ruhiger, gelassener Geist vermittelt, der frei ist von Illusionen, wie sie das Denken hervorruft

Nun sind Sie gefragt: Symbolisieren Sie das Glück mit einer Zeichnung, einer Farbe, einer Form, einem Lied, einem Refrain etc.

Denker der Antike …

»Begehre nicht, dass die Sachen in der Welt gehen, wie du es willst, sondern wünsche vielmehr, dass alles, was geschieht, so geschehe, wie es geschieht, dann wirst du glücklich sein.«

Epiktet

… und Menschen der Moderne:

»Wenn man nicht das hat, was man liebt, muss man das lieben, was man hat.«

Serge Gainsbourg

Der Feind des Glücks

Gewohnheit ist der Feind Nummer eins des Glücks.

Psychologen bezeichnen diesen Mechanismus als **hedonistische Anpassung**. Glücksempfinden geht einher mit der Freisetzung von Neurotransmittern, wie Endorphinen, im Gehirn. Mit der Zeit sind die Rezeptoren dieser Substanzen jedoch gesättigt. Man spricht auch von Gewöhnung, zum Beispiel bei der Wirkung des Alkohols.

Mit anderen Worten: Schließlich passt man sich an, und die euphorisierende Wirkung neuer Situationen schwächt sich letztlich immer weiter ab.

- Wer eine große Summe im Lotto gewinnt, jubelt und meint, nun werde sich sein Leben verändern. Einige Monate später hat er sich an die Veränderungen gewöhnt und fühlt sich nicht mehr glücklicher.
- Vor dem Kauf eines Autos stellt sich ein Fußgänger vor, wie viel glücklicher sein Leben sein wird, wenn er erst einmal motorisiert ist. Sobald er jedoch als Autobesitzer hinterm Steuer sitzt, muss er nach den ersten Momenten des neuen Fahrgefühls feststellen, dass es Staus, Benzinpreise und Werkstattkosten gibt.
- Ein Single träumt davon, die große Liebe zu finden. Nach den ersten Monaten der Leidenschaft gewinnen die Alltagssorgen die Oberhand.

Schreiben Sie hier einige Situationen auf, bei denen hedonistische Anpassung sich in Ihrem Leben ausgewirkt hat:

-
-
-
-
-
-
-
-
-
-

Glücklicherweise gibt es ein Geheimnis, wie man diesen Antiglücksfaktor bekämpfen kann:

Das, was uns geschieht, mit neuen Augen sehen, wie ein Neugeborenes, das die Welt entdeckt.

Nichts ist selbstverständlich

- *Ich bin so froh, dass mein(e) Lebenspartner(in) jeden Abend gesund nach Hause kommt und mir weiterhin seine/ihre Liebe zeigt.*
- *Wie ich mich freue, dass meine Kinder gut heranwachsen und eine gute Beziehung zu mir haben!*
- *Ein Glück, dass ich eine Arbeit habe und meinen Lebensunterhalt verdienen kann!*

Liste der kleinen Alltagsfreuden, die ich genießen kann

- Einen frischen Blumenstrauß zu Hause aufstellen
- Morgens die Fenster öffnen und den Sonnenschein betrachten
- Meine Lieblingsfernsehserie sehen
- Im Sommer ein Eis genießen
- Zusammen mit der Familie im Fluss schwimmen gehen
- Mit Freunden eine einfache Spaghetti-Mahlzeit einnehmen
- Im Frühjahr beobachten, wie die Schwalben fliegen
- Kaputtes Spielzeug meiner Kinder reparieren
- Allein im Wald spazieren gehen
- Meine Kollegen Montagmorgen wiedersehen und mit ihnen darüber plaudern, wie wir das Wochenende verbracht haben
- Ein gutes Glas Wein trinken
- Eine Motorradspritztour machen
- Mir zusammen mit meinem Partner/meiner Partnerin einen Kinobesuch gönnen

»Man müsste die Menschen vom Glück überzeugen, das sie, selbst wenn sie es genießen, nicht sehen.«

Montesquieu

Meine persönliche Liste der kleinen Glücksdinge – sie sollte mit Farbstiften ausgefüllt werden, um zu sehen, wie schön und bunt das Leben sein kann.

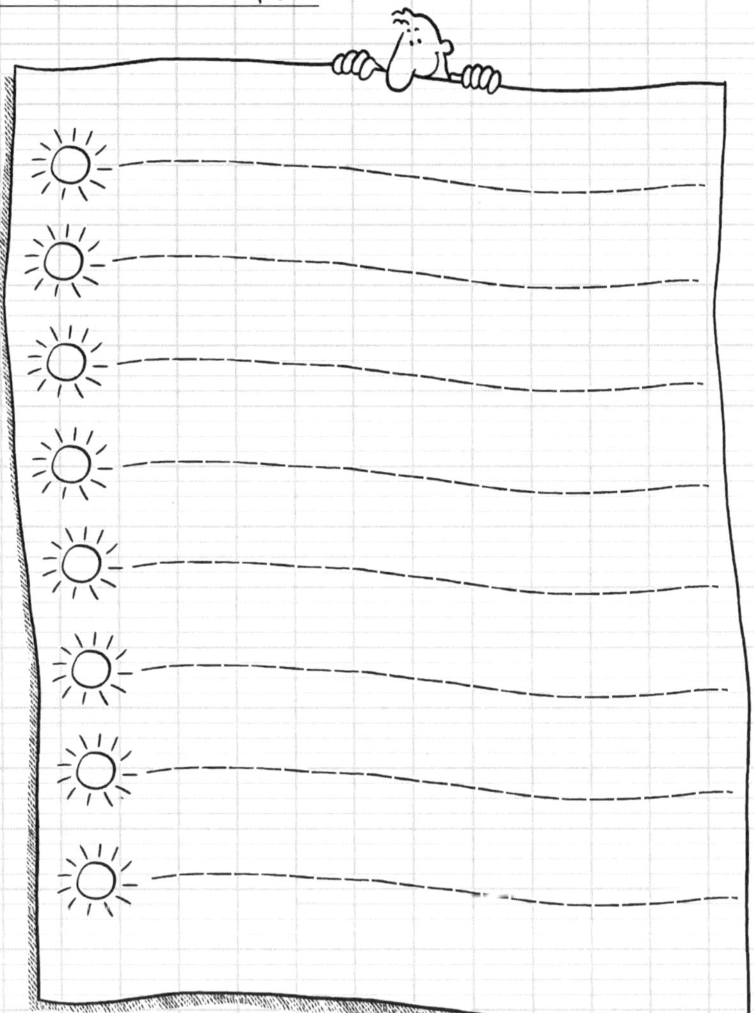

Gewohnheiten aufspüren und verscheuchen

Eine Glücksbremse sind jene Gewohnheiten, die uns daran hindern, zu erkennen, wie reich unser Alltag ist. Der tägliche Trott eben ...

Beschließen wir, die Dinge ganz bewusst und nicht nur routinemäßig zu tun, um sie besser wertschätzen zu können.

- Ich wechsle regelmäßig den Platz am Familientisch (oder im Ehebett).

- Von Zeit zu Zeit räume ich bei mir zu Hause alles um.

- Ich probiere neue Restaurants aus.

- Ich suche mir neue Wege zu meinem Arbeitsplatz.

Gute Absichten sind sicherlich nützlich, aber feste Vorsätze sind noch wirksamer!

Tragen Sie die Gewohnheiten, die Sie ändern wollen, in die folgende Liste ein und setzen Sie dann jeden Vorsatz eine ganze Woche lang in die Praxis um.

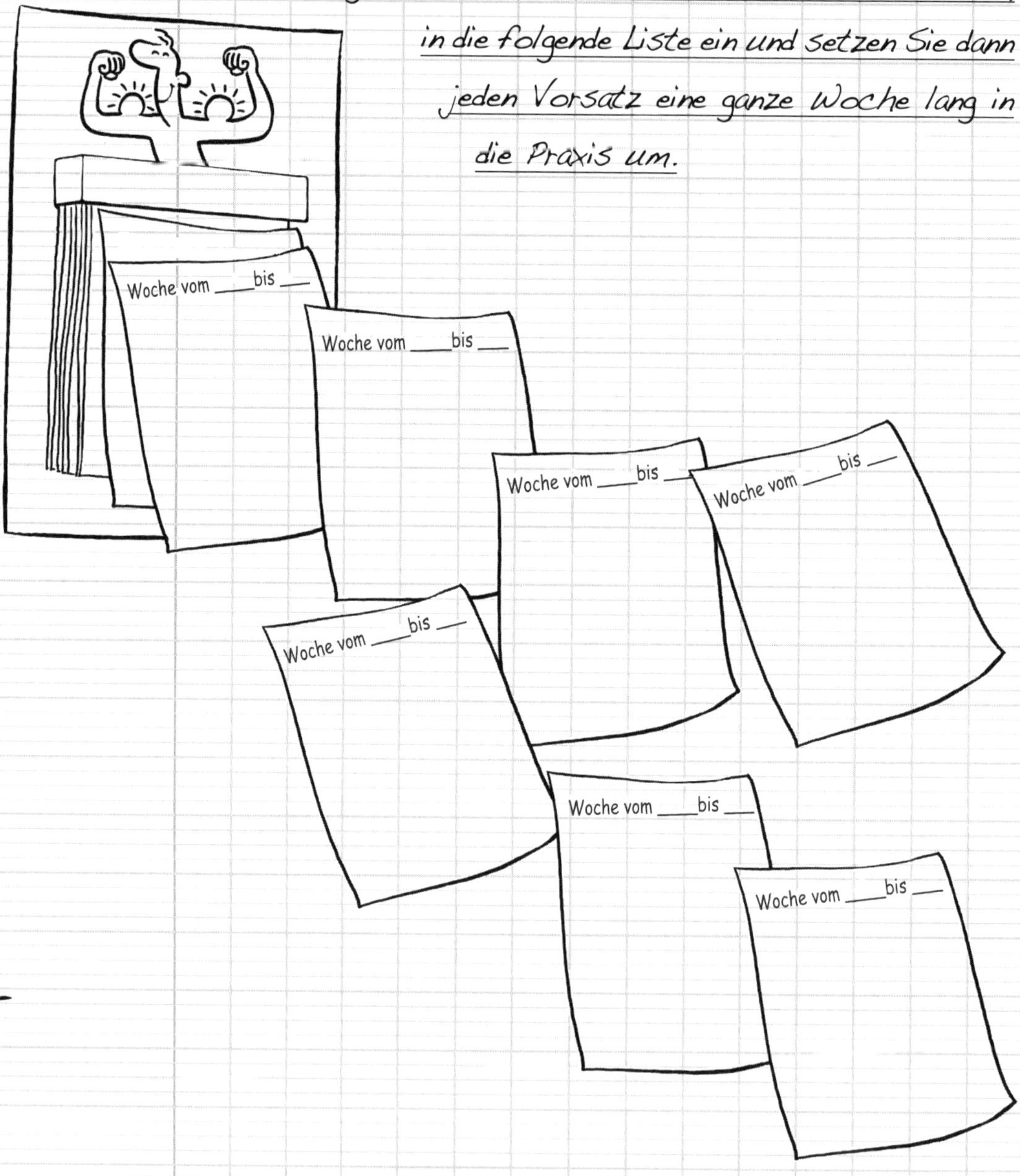

In den Müll mit den falschen Vorstellungen

Alle drei unten abgebildeten Kreise enthalten eine falsche Vorstellung vom Glück. Denken Sie darüber nach, um sich davon zu überzeugen, dass sie falsch sind, und nehmen Sie sich fest vor, sie loszuwerden. Schneiden Sie sie anschließend aus, knüllen Sie sie zu einem Ball zusammen und stellen Sie sich etwa einen Meter entfernt von einem Abfalleimer auf. Für jeden Treffer mit dem Papierknäuel gibt es einen Punkt. Und außerdem werden Sie glücklicher sein!

Glück ist etwas, was man findet: Es genügt, am richtigen Ort den richtigen Leuten zu begegnen, um glücklich zu sein.

Glück besteht darin, die Umgebung zu wechseln: Unsere Lebensumstände zu ändern macht uns glücklich.

Man ist eben glücklich oder nicht. Glücklich zu sein kann man sich nicht aussuchen; es ist, wie es ist.

*»Glück findet man nicht, man erschafft es.
Glück hängt nicht von dem ab, was uns fehlt,
sondern davon, wie wir das nutzen,
was wir besitzen.«*

Arnaud Desjardins

Ein Glückslehrer

Bestimmt kennen Sie glücksbegabte Menschen. Nehmen Sie sich an ihnen ein Beispiel!

Denken Sie an jemanden, den Sie für besonders glücklich halten. Es handelt sich um ...

Zählen Sie im Einzelnen auf, wie diese Person sich verhält:

–
–
–
–
–
–
–
–

Die Übung besteht darin, diese Verhaltensweisen eine bestimmte Zeit lang nachzuahmen und zu beobachten, zu welchen Veränderungen dies führt.

Veränderungen, die sich ergeben haben:

–
–
–
–
–
–
–
–
–

Schon gewusst?

Die Philosophie des Glücks hat einen Namen: **Eudämonismus**.

Indem man so tut, als wäre man glücklich, wird man es schon ein bisschen mehr.

Ergebnis des Test auf Seite 5:

1. Falsch

Aus Untersuchungen über Menschen, die sehr viel Geld gewonnen haben, geht hervor, dass sie sich, nachdem der Augenblick der ersten Euphorie verflogen ist, nicht glücklicher fühlen. Ein Jahr nach dem Gewinn ist die positive Wirkung auf das Glück im Allgemeinen verschwunden.

2. Falsch

Beide sind innewohnende Bestandteile des Glücks und gehören zu ihm wie zwei Seiten einer Medaille.

3. Richtig

Menschen, die ein spirituelles Leben führen, fühlen sich im Allgemeinen glücklicher als Nichtgläubige. Dagegen spielt die Zugehörigkeit zu einer offiziellen Religion keine maßgebliche Rolle.

4. Richtig

Ob man dazu neigt, angenehme Gefühle zu empfinden, hängt von unserem Wesen ab. Man spricht in diesem Zusammenhang von einer **genetischen Lotterie**. Aber natürlich können wir unsere Veranlagung beeinflussen, wie Sie in diesem Heft noch sehen werden.

5. Falsch

Menschen, die sich einer Schönheitsoperation unterzogen haben, beschreiben sich einige Zeit nach der Operation nicht glücklicher als vorher, es sei denn, sie hatten schwerwiegende Missbildungen.

6. Richtig

Das Leben in einer Partnerschaft steigert das Glück, sofern man sich gegenseitig respektiert und vertraut (befriedigender Austausch: Sexualität, gemeinsame Vorhaben etc.). Dieser Vorteil kann jedoch verloren gehen, wenn Kinder hinzukommen.

7. Richtig

Wir können unser Glück beeinflussen. Wie glücklich wir sind, hängt zwar nicht **ausschließlich**, aber doch **in hohem Maße** von unserem Bemühen ab (zu 40 Prozent, sagen Glücksforscher).

*»Glück stellt sich nicht automatisch ein […];
es hängt allein von uns ab.
Man wird nicht über Nacht glücklich,
sondern nur mit geduldiger Arbeit,
Tag für Tag.
Glück wird erarbeitet,
und das erfordert Mühe und Zeit.«*

Luca und Francesco Cavalli-Sforza

Glückslektionen

Hier finden Sie nun die angekündigten Glückslektionen. Jede beinhaltet konkrete praktische Handlungsanweisungen.
Es genügt nicht, sie nur zu lesen, sondern man muss sie wirklich anwenden und üben, damit sie ihre positive Wirkung nachhaltig entfalten können.

Lektion Nr. 1:
Denken Sie positiv!

Glück ist natürlich an das **Gefühl** gebunden, glücklich zu sein. Nun kann man sich seine Gefühle nicht immer aussuchen, ebenso wenig, wie man sich seine Gemütsart (die Veranlagung, so oder so zu empfinden) aussuchen kann. Man kann sein Wesen höchstens teilweise etwas beeinflussen.
Das Glück ist auch eine Art, **die Dinge zu sehen**, also das Ergebnis unserer **Gedanken**. Und wie wir über bestimmte Ereignisse denken und sie betrachten wollen – das können wir ganz bewusst entscheiden.

Ändern Sie Ihre Art zu reden

Wortschatzunterricht

Streichen Sie pessimistische Wörter aus Ihrem Vokabular und ersetzen Sie sie durch optimistischere Begriffe, die diesen Wörtern in etwa entsprechen.

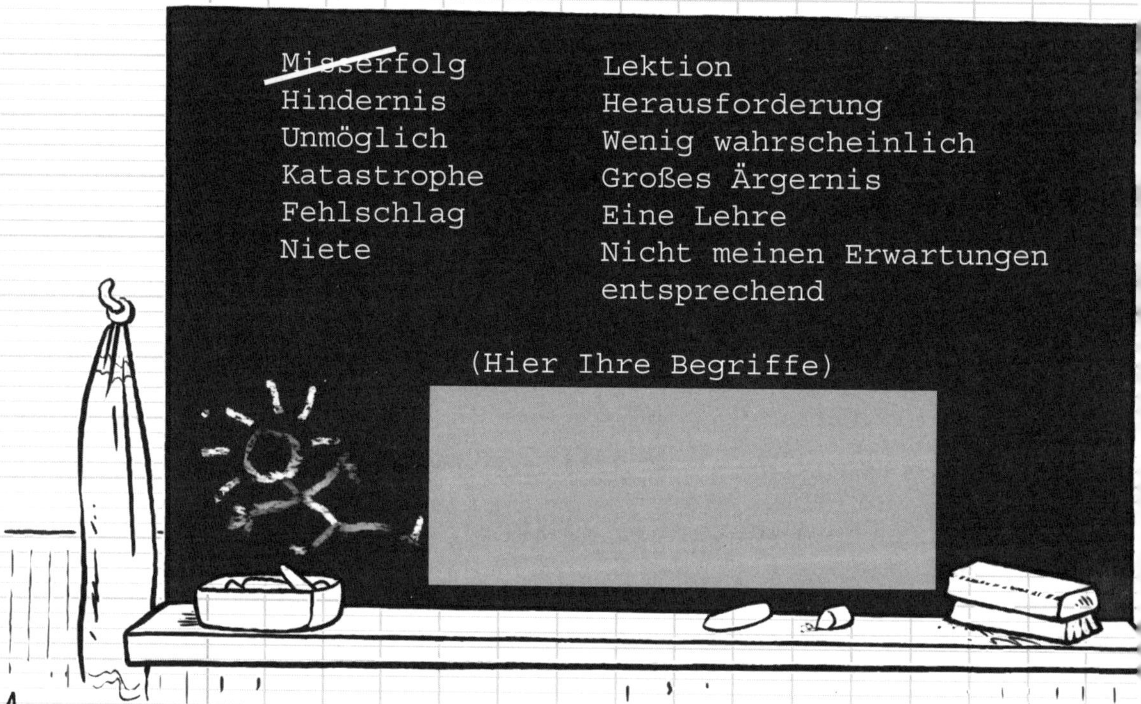

Ändern Sie Ihre Denkweise: seien Sie optimistischer!

Es geht darum, die Dinge von ihrer positiven Seite zu sehen.

Entwickeln Sie einen anderen Blick!

Bevor Sie negative Schlüsse ziehen, fragen Sie sich:

- Welche andere Bedeutung könnte ich diesem Ereignis zumessen?
- Kann daraus etwas Gutes entstehen?
- Bietet sich mir dadurch eine günstige Gelegenheit?
- Was kann ich für die Zukunft daraus lernen?

Nicht so schnell! Greifen Sie drei Situationen aus Ihrem Leben heraus, die Sie negativ bewerten, und stellen Sie sich dazu die oben genannten Fragen.

Erste Situation: …
-
-
-
-

Zweite Situation: …
-
-
-
-

Dritte Situation: …
-
-
-
-

»Pessimismus ist Sache des Gemüts, Optimismus Willenssache.«

Émile-Auguste Chartier, gennant Alain

Dem Strom des negativen Denkens zu folgen geht von ganz allein. Das Gute an den Dingen zu sehen erfordert hingegen ständiges Bemühen, kontinuierliche Aufmerksamkeit.

Lektion Nr. 2:
Keine verhängnisvollen Vergleiche mehr!

Die sicherste Methode, sich das eigene Glück zu vermasseln, besteht darin, Vergleiche anzustellen ...

- mit dem, was früher besser war (**»Ach, die gute alte Zeit!«**),
- mit dem, was ich hätte erreichen können (**»Ich hatte es doch schon fast geschafft!«**),
- mit anderen, die mehr haben oder erfolgreicher sind als ich (**»Ich habe eben kein Glück!«**).

<u>Eine Untersuchung über Olympiagewinner der ersten drei Plätze hat erwiesen, dass die Bronzemedaillengewinner glücklicher waren als die Gewinner der Silbermedaille. Warum?</u>

Antwort:
Die Zweitplatzierten vergleichen sich mit den Siegern und sind enttäuscht, dass sie nicht gewonnen haben, während die Dritten zufrieden sind, überhaupt auf dem Siegerpodest zu stehen.

Tun Sie Ihr Bestes, ohne sich Gedanken darüber zu machen, was die anderen tun und denken. Und wenn der Vergleichsteufel sich ungebeten in Ihre Überlegungen einschleicht, jagen Sie ihn schnell wieder weg!

Sagen Sie laut (falls möglich) »Nein!« oder »stopp«!

- Sieh mal an, man könnte meinen, Monika hätte schon wieder im Lotto gewonnen ... STOPP!
- Warum passiert so etwas immer nur mir ... STOPP!
- Heutzutage ... NEIN!

Sie können auch den Bezugspunkt des Vergleichs ändern und Leute betrachten, die es nicht so gut getroffen haben wie Sie (kombiniert mit der vorhergehenden Wortschatzübung):

- Mein Sohn ist zwar anstrengend, aber nicht so sehr wie der von Isabell!
  → Mein Sohn hört vielleicht nicht so gut auf mich, wie ich es gerne hätte, aber er ist ein Engel im Vergleich zu ...
- Hans verdient mehr als ich!
  → Ich werde vielleicht nicht so gut bezahlt wie Hans, aber immerhin habe ich eine Arbeit - und noch dazu eine, die ich mag.

Hier Ihre Sätze:

-
-
-
-

Lektion Nr. 3:
Bringen Sie Ihren Dank zum Ausdruck!

Die positiven Wirkungen der Dankbarkeit sind endlos! Regelmäßig seine Dankbarkeit zu äußern für das, was man erhält und lebt, ist so etwas wie eine

WUNDERTHERAPIE.

Dankbarkeit hilft, das Gute an den Dingen zu sehen.
Dankbarkeit hilft, vorteilhafte Vergleiche zu bilden.
Dankbarkeit hilft, das, was man hat, wertzuschätzen.
Dankbarkeit ermutigt andere, ihr Bestes zu tun.
Dankbarkeit fördert gute Beziehungen.
Dankbarkeit entspannt und macht glücklich.

Ohne die geringsten Risiken.
Ohne die geringsten Nebenwirkungen.

Dosierung

Bedanken Sie sich ein- oder zweimal pro Woche (nicht häufiger, um zu vermeiden, dass es zu einer sinnentleerten Gewohnheit wird) TATSÄCHLICH und DEUTLICH bei jemandem aus Ihrem Umfeld.

- Bei der Bäckerin für ihr Lächeln,
- beim Briefträger für seine Zuverlässigkeit,
- bei Ihrem Kollegen für seine Hilfsbereitschaft,
- bei Ihren Eltern für alles, was sie für Sie getan haben,
- bei Ihren Kindern für all das, womit sie Ihnen Zufriedenheit vermitteln,
- bei Ihrem Partner/Ihrer Partnerin für all die Liebe, die er/sie Ihnen entgegenbringt.

Und warum nicht auch die Übung für »Fortgeschrittene«:

- Bei diesem griesgrämigen Nachbarn, der Ihnen auf den Wecker fällt, Sie aber auch dazu bringt, liebenswürdig zu sein,
- bei diesem Busfahrer, der ohne Sie abfährt, aber versucht, den Fahrplan einzuhalten,
- bei dieser ruppigen Verkäuferin, die Sie aber trotzdem bedient.

Liste der Personen, denen ich meinen Dank aussprechen werde:

Name	Grund	Datum

Lektion Nr. 4: Lernen Sie zu vergeben!

»Vergeben heißt weder vergessen noch ungeschehen machen; es bedeutet, je nach den Umständen auf das Strafen, Hassen und manchmal sogar Urteilen zu verzichten.«

André Comte-Sponville

Verzeihen ist kein Synonym für Versöhnung; es impliziert nicht zwangsläufig die Wiederaufnahme der Beziehungen zum Beleidiger. Es besteht weder darin, den anderen zu entschuldigen, noch darin, das Unrecht zu leugnen, das einem zugefügt wurde.

Vergeben heißt, auf Hass zu verzichten.

Vergeben heißt, sich vom Zorn zu verabschieden.

»Groll mit uns herumtragen ist wie das Greifen nach glühenden Kohlen in der Absicht, sie nach jemandem zu werfen. Man verbrennt sich nur selbst dabei.«

Buddha

Einige Personen, denen ich böse bin und denen ich gerne vergeben möchte:

-
-
-
-
-
-

Streichen Sie den Namen durch, sobald Sie der betreffenden Person verziehen haben.

Empathie-Übung

Wählen Sie eine Person aus, der Sie etwas vorwerfen, weil sie Sie beleidigt hat oder grob zu Ihnen war. Versetzen Sie sich dann geistig in die Lage dieser Person, während Sie ihr vergeben. Versuchen Sie, mit ihren Augen zu sehen, mit ihrem Herzen zu fühlen. Und Sie, was empfinden Sie in diesem Moment? Wie erleben Sie diesen Austausch?

-
-
-
-
-
-
-
-

Übung des Vergebungsbriefs

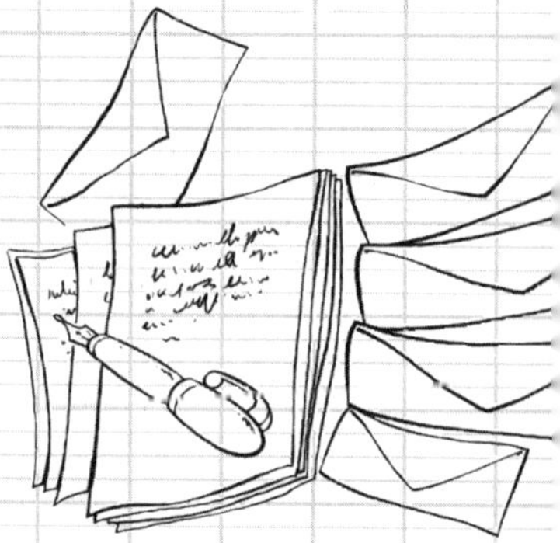

Nehmen Sie sich ein Blatt Papier und schreiben Sie einen Vergebungsbrief. Beginnen Sie damit, dass Sie ausführlich darstellen, was Ihnen Übles zugefügt wurde. Erklären Sie, warum Sie deswegen immer noch verletzt sind. Sagen Sie, was die betreffende Person Ihrer Meinung nach hätte anders machen sollen. Gewähren Sie der Person daraufhin ausdrücklich Vergebung und zeigen Sie, dass Sie Verständnis für sie haben.

- Ich vergebe meinem Vater, dass er Alkoholiker war …
- Ich vergebe diesem Lehrer, dass er mich vor der ganzen Klasse erniedrigt hat …
- Ich vergebe meiner Frau/meinem Mann ihre/seine Untreue …
- Ich vergebe meinem Kollegen, dass er mich ausgenutzt hat …
- Ich vergebe dem Dieb, dass er mein Portemonnaie gestohlen hat …

Kleine Hilfe

Wenn Sie die Übung zu schwierig finden, lesen Sie als Unterstützung Biografien außergewöhnlicher Persönlichkeiten, die es geschafft haben, zu vergeben: Gandhi, Nelson Mandela, Martin Luther King, Johannes Paul II. etc.

Sie werden wissen, dass Sie beginnen zu verzeihen, wenn Ihr Wunsch schwindet, wehzutun und sich zu rächen (**Ich hoffe, er wird büßen für das, was er getan hat!**); und dass Sie verziehen haben, wenn Sie auf das Ereignis in der Vergangenheit zurückblicken können, ohne dabei Hass, Zorn oder Traurigkeit zu empfinden.

Lektion Nr. 5:
Zeigen Sie sich großzügig!

Seien Sie gut und Sie werden glücklich sein!

»Wahres Glück besteht darin,
andere glücklich zu machen.«

Sprichwort des Hinduismus

Tun Sie Gutes und stellen Sie fest, wie viel Freude und Zufriedenheit daraus erwächst!

- Einem Freund den Kaffee zahlen,
- Geschirr spülen,
- Blut spenden,
- einen Kranken besuchen,
- jemandem beim Lösen eines Computerproblems helfen,
- einem Fremden beim Einsteigen in den Bus behilflich sein.

Erstellen Sie eine Liste der guten Taten, die Sie in den nächsten sieben Tagen in die Realität umsetzen werden:

Meine guten Taten:

–
–
–
–
–
–
–
–
–
–
–
–
–
–

Durch Großzügigkeit ändern Sie nicht nur die Art und Weise, wie Sie sich selbst sehen, und bewirken, dass andere sich wohlfühlen, sondern Sie lösen noch dazu einen Dominoeffekt positiver Auswirkungen um sich herum aus.

»Wollen Sie glücklich sein, dann üben Sie Mitgefühl.«

14. Dalai-Lama

Lektion Nr. 6:
Genießen Sie die kleinen Freuden des Lebens!

Die nächste Übung ist schwieriger, als es zunächst scheint. Schließen Sie darum einen Vertrag mit sich selbst, damit Sie sicher sein können, dass Sie die Ratschläge auch wirklich IN DIE TAT UMSETZEN.

VERTRAG

Ich ....

verpflichte mich von heute an für einen Monat
(genau 31 Tage),
mir mindestens 5 Minuten täglich zuzugestehen,
die ich mit etwas Angenehmem verbringe.

Ort/Datum ....
Unterschrift

Vorschläge für angenehme Aktivitäten

Musik hören	Ein Bad nehmen	Eine Zeitschrift lesen
Mit Freunden quatschen	Frische Kleidung anziehen	In der Sonne sitzen
An jemanden denken, den ich liebe	Eine zärtliche Geste empfangen	Jemanden umarmen
Mit jemandem kuscheln	Auto fahren	Radio hören
Ein Kompliment annehmen	An etwas Angenehmes denken	Ein kleines Schläfchen machen
Etwas Süßes essen	Ein Videospiel spielen	Meinen Schreibtisch aufräumen
Lachen	An einer Party teilnehmen	Singen
Gartenarbeit	Eine leckere Mahlzeit zubereiten	Geschenke machen
Liebe machen	Jemanden anlächeln	Ins Kino gehen
Einen Tramper mitnehmen	Den Mond und die Sterne betrachten	Ein Eis essen
Mir etwas »Verrücktes« gönnen	Kerzen anzünden	Blumen kaufen
Mit einem alten Freund telefonieren	Freizeit haben	Vor mich hin träumen
Zeitung lesen	Barfuß spazieren gehen	Schwimmen
Mit Kindern spielen	Mit den Fingern essen	Beten
Ein Gedicht schreiben	Samen einpflanzen	Ein Projekt ausarbeiten
Mich im Schnee vergnügen	Mir Zeit lassen	Im Internet surfen
Eine Geschichte erzählen	Eine Kissenschlacht machen	Jemandem gefallen
Karten spielen	Lange schlafen	Spät ins Bett gehen
Eine Schneeballschlacht machen	Mich massieren lassen	Eine Schuld begleichen
Mit einer Wärmflasche schlafen	Mir den Kaffee ans Bett bringen lassen	Tanzen

Es ist nichts Schlechtes daran, sich selbst etwas Gutes zu tun!

Lektion Nr. 7:
Sorgen Sie für Ihren Körper!

Es liegt auf der Hand: Ein gesunder, fitter Körper ist unbestreitbar ein Grund zur Freude. Wir nehmen uns die Zeit für Fahrzeuginspektionen und dafür, unseren Computer auf den neuesten Stand zu bringen, warum sollten wir dann unseren Körper, der so viel kostbarer ist, vernachlässigen?

Drei Arbeitsschwerpunkte bieten sich an:

1. **Was in den Körper gelangt**
   Was essen Sie?
   Verunreinigen Sie Ihren Organismus?
   Geben Sie Obst und Gemüse den Vorrang.
   Verzichten Sie auf Tabak.
   Verringern Sie Ihren Alkoholkonsum.

   Meine Entschlüsse:

   -
   -
   -
   -
   -

2. Das Äußere

Sind Sie zufrieden mit Ihrem Gewicht?
Gefällt Ihnen Ihr Aussehen?
Achten Sie auf ein gepflegtes Äußeres.
Tragen Sie angemessene Kleidung.
Entscheiden Sie sich für eine Frisur, die Sie vorteilhaft zur Geltung bringt.
Gönnen Sie sich eine Sitzung bei einer Kosmetikerin.

Meine Entschlüsse:

-
-
-
-
-

3. Körperliche Aktivitäten:

Machen Sie regelmäßig Gymnastik?
Praktizieren Sie eine bestimmte Sportart?
Bewegen Sie sich genug?
Nehmen Sie nicht den Aufzug.
Lassen Sie das Auto stehen.
Gehen Sie lieber zu Fuß oder nehmen Sie das Fahrrad.

Meine Entschlüsse:

-
-
-
-

»Die größte und einzige Aufgabe ist es, glücklich zu leben.«

Voltaire

Lektion Nr. 8: Seien Sie im Flow!

»Ich werde so glücklich sein,
wenn ich erst einmal mein Studium beendet,
eine Arbeit gefunden, ein eigenes Haus
und Kinder habe, wenn ich Berühmtheit erlangt habe
und in Rente bin!«

Nun – nein, Sie werden dann nicht glücklicher sein (erinnern Sie sich an die hedonistische Anpassung)! Das Glück spielt sich nämlich hier und jetzt ab!

Wie? Indem Sie Aktivitäten den Vorzug geben, bei denen Sie im »Fluss« sind.

Der **Flow**-Zustand bzw. die optimale Erfahrung ist erreicht, wenn wir Aufgaben ausführen, die genau unseren Fähigkeiten entsprechen, nicht zu schwierig, aber auch nicht zu leicht sind. Liegt der Schwierigkeitsgrad darüber, bedeutet dies Stress und Angst, liegt er darunter, bedeutet es Langeweile.

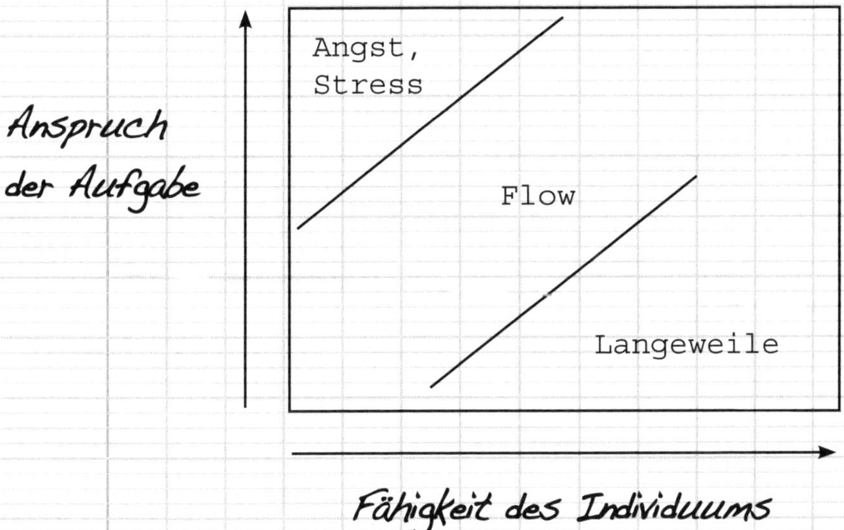

Wenn wir in einem Zustand des Flow sind, verschwindet das Zeitgefühl, wir sind von dem, was wir tun, gefesselt, vollkommen konzentriert. Es ist ein Augenblick der Gnade, in dem wir eins sind mit der Aktivität, die wir ausüben. Sorgen und innere Konflikte legen sich dann.

Es ist erwiesen, dass wir eher bei der Arbeit als in der Freizeit das Gefühl haben, im Flow zu sein! Es ist also illusorisch, auf die Pause zu warten, auf das Ende des Tages, die Ferien oder das Rentenalter, um glücklich zu sein.

Es spielt sich hier und jetzt ab!

Was tun, um häufiger im Flow zu sein?

- Wenn möglich, nicht zu einfache oder monotone Aufgaben wählen, oder aber sich selbst bestimmte Herausforderungen stellen, um die Arbeit effizienter zu gestalten; daraus eine Art Hobby machen.
- Die eigene Leistung steigern, indem man sich weiterbildet.

Die Mitglieder des Reinigungsservice eines kleinen Krankenhauses waren besonders glücklich. Als sie befragt wurden, gaben sie nicht an, dass sie putzten, sondern dass sie den Ärzten dabei halfen, die Kranken zu pflegen. Sie waren sich dessen bewusst, wie wichtig ihre Arbeit war. Darüber hinaus stellten sie sich regelmäßig die Aufgabe, ihre Arbeit zu verbessern: Wie könnte man diese Tätigkeit schneller und weniger mühevoll ausführen? Welches Produkt war am effektivsten? Was konnte noch verbessert werden?

Nehmen Sie in den nächsten Tagen bewusst Momente wahr, in denen Sie Stress, **Flow** oder Langeweile empfinden. Tragen Sie die jeweilige Situation in die Tabelle unten ein. Wie könnten Sie Ihre Aktivitäten abändern, um mehr **Flow**-Momente zu erleben? Welche Art von Handlung oder Geisteszustand brauchen Sie idealerweise dafür?

Tageszeit	Aktivität	Stress/Flow/ Langeweile	
Morgen	Kinder wecken	Stress	→ 15 Minuten früher aufstehen
Morgen	Zur Arbeit fahren	Flow	→ ......

»Glück ist nicht, am Ziel zu sein, sondern auf dem Weg!«

Fortschrittstabelle

»Glück ist eine Konstruktion, die von Handlungen und Entscheidungen genährt wird.«

Christophe André

Tragen Sie in die folgende Tabelle für jede Glücksaktivität, die Sie ausgeführt haben, Ihre Fortschritte ein. Geben Sie das angestrebte Ziel an (z. B., den Satz »Ich bin eine Niete« ausmerzen oder meinem Bruder verzeihen, dass er mich beschwindelt hat). Nehmen Sie dafür jeweils eine der Ampelfarben:

Grün = o.k.

Gelb = halbwegs erreicht

Rot = noch nicht erreicht

Sie können Ihre Tabelle entweder Zeile für Zeile oder spaltenweise ausfüllen.

Aktivitäten	Angestrebte Ziele	Bewertung	Angestrebte Ziele	Bewertung	Angestrebte Ziele	Bewertung
Positiv denken						
Vorteilhafte Vergleiche						
Dankbarkeit						
Vergebung						
Großzügigkeit						
Vergnügungen						
Etwas für den Körper tun						
Flow						

Werden Sie ein guter Schüler/eine gute Schülerin in der Glücksschule sein?

Zum Abschluss

Glücklich zu sein heißt, Momente der Freude zu erleben, Spaß zu haben, aber auch einen Sinn in seinem Dasein und in den täglichen Aktivitäten zu finden.

Hier zu guter Letzt der Glückscocktail: eine reichliche Dosis tägliche Freude, gemischt mit dem Eindruck, einen Sinn zu sehen in dem, was man tut.

Schätzen Sie Ihren Glücksgrad ein

Sie können einschätzen, wie hoch der Grad Ihres Glücks ist, indem Sie folgende Tabelle ergänzen.
Listen Sie in der ersten Spalte Ihre Aktivitäten des Tages auf.
In der zweiten geben Sie auf einer Skala von 1 bis 5 an, ob Sie einen Sinn in dieser Aktivität erkennen (1 heißt, Sie sehen darin überhaupt keinen Sinn, während 5 für eine große Bedeutung dieser Aktivität steht).
In der nächsten Spalte tragen Sie ein, ob Ihnen diese Aktivität Freude macht. Verwenden Sie dieselbe Skala von 1 bis 5.
In der vierten notieren Sie die Zeit, die Sie der Aktivität gewidmet haben.
In der letzten schließlich schätzen Sie ein, ob Sie gerne mehr (+ oder ++) oder weniger (- oder --) Zeit für die betreffende Aktivität aufwenden würden. Wenn Ihnen die Dauer so, wie sie ist, angemessen erscheint, tragen Sie das Gleichheitszeichen (=) ein.

Aktivität	Sinn	Freude	Zeit	Wunsch
Fernsehen	1	3	2 Std.	-
Mit der Familie zusammen sein	4	5	1 Std.	+ +
Fitness	2	2	1 Std.	=

Ziel dieser Übung ist es, die Art und Weise, wie Sie Zeit für Ihre Beschäftigungen aufwenden, ans Licht zu bringen. Dadurch sollen Sie die Möglichkeit erhalten, **den Anteil der angenehmen und sinnerfüllten Beschäftigungen zu erhöhen** und Aktivitäten, die dem reinen Zeitvertreib dienen und nur wenig Freude und Sinn mit sich bringen, zu reduzieren. Je mehr Gleichheitszeichen (=) in der letzten Spalte stehen, desto erfüllter sind Sie - das gilt insbesondere für Aktivitäten, die in den Rubriken Freude und Sinn gute Ergebnisse erreichen. Doppelte Plus- und Minuszeichen (++ und --) stehen für Aktivitäten, die für Sie bei dem Bemühen, Ihre Lebenszufriedenheit zu steigern, Priorität haben sollten.

Aktivität	Sinn	Freude	Zeit	Wunsch

Entscheiden Sie sich für das, was Sie glücklich macht

Oft ist zu hören, dass man sich das, was man tut, nicht unbedingt aussuchen kann. Gewiss, manches scheint unvermeidlich zu sein: seinen Lebensunterhalt verdienen, essen, schlafen etc. Wie wir jedoch diese Verpflichtungen umsetzen, hängt häufig in großem Maß von uns selbst ab. Wir müssen zwar unseren Lebensunterhalt verdienen, aber vielleicht liegt uns unser derzeitiger Beruf nicht, weil wir keinen Sinn (mehr) darin sehen.

Oder vielleicht verbringen wir zwei Stunden täglich mit Hausarbeit, obwohl wir sie hassen. Warum unter solchen Voraussetzungen nicht eine Haushaltshilfe engagieren? Die kostet zwar Geld, aber das so investierte Geld macht uns vielleicht glücklicher als etwas Neues zum Anziehen oder die jüngste technische Spielerei, die gerade »angesagt« ist!

Insgesamt sollte jeder Tag ein gewisses Maß an angenehmen Aktivitäten enthalten. Gleichzeitig sollten die meisten unserer Handlungen dazu beitragen, unser Leben mit Sinn zu füllen.

Und denken Sie dran:

Zu sagen, wir hätten nicht die Wahl,
bedeutet,
weniger Glück zu wählen!

Wofür entscheiden Sie sich also?

Glück ist ein Wort,
das ausdrückt, wie sehr
ein Mensch das Leben mag,
das er führt.

Kleine Literaturliste des Glücks und der Positiven Psychologie

Christophe André: *Vivre heureux.* Odile Jacob, Paris 2003.

Tal Ben-Shahar: *L'apprentissage du bonheur.* Belfond, Paris 2008.

Tal Ben-Shahar: *Glücklicher. Lebensfreude, Vergnügen und Sinn finden mit dem populärsten Dozenten der Harvard University.* Goldmann, München 2010.

Mihaly Csikszentmihalyi: *Lebe gut! Wie Sie das Beste aus Ihrem Leben machen*, Klett-Cotta, Stuttgart 2000 (3. Aufl.).

Mihaly Csikszentmihalyi: *Vivre. La psychologie du bonheur.* Pocket, Paris 2007.

Mihaly Csikszentmihalyi: *Flow. Das Geheimnis des Glücks*, Klett-Cotta, Stuttgart 2010 (15. Aufl.).

Sonja Lyubomirsky: *Comment être heureux … et le rester.* Flammarion, Paris 2007.

Sonja Lyubomirsky: *Glücklich sein. Warum Sie es in der Hand haben, zufrieden zu leben*, Campus, Frankfurt 2008.

Matthieu Ricard: *Plaidoyer pour le bonheur.* Pocket, Paris 2004.

Matthieu Ricard: *Glück.* Nymphenburger-Herbig, München 2007.

Die Bibliothek der guten Gefühle

Aus dem Französischen
von Claudia Seele-Nyima
Illustrationen von Jean Augagneur
64 Seiten, broschiert

Ilios Kotsou
Das kleine Übungsheft
Emotionale Intelligenz
ISBN 978-3-941837-50-8

Yves-Alexandre Thalmann
Das kleine Übungsheft
Optimismus
ISBN 978-3-941837-51-5

Rose Poletti / Barbara Dobbs
Das kleine Übungsheft
Selbstbewusstsein
ISBN 978-3-941837-54-6

Yves-Alexandre Thalmann
Das kleine Übungsheft
Loslassen
ISBN 978-3-941837-53-9

Xavier Cornette de Saint Cyr
Das kleine Übungsheft
Verborgene Talente entdecken
ISBN 978-3-941837-52-2

www.trinity-verlag.de